HISTOIRE

AUTHENTIQUE ET COMPLÈTE

DU CORSE

FIESCHI, dit GÉRARD,

AUTEUR DE L'ASSASSINAT

Commis, le 28 Juillet 1835, sur les Personnes composant le Cortége royal;

AVEC UN PORTRAIT DE L'ASSASSIN,

Et une Figure représentant l'Instrument du crime;

LE TOUT EXÉCUTÉ,

POUR LA PREMIÈRE FOIS,

d'après nature.

Paris.

AU BUREAU, PLACE DE LA BOURSE, N°. 8.

1838.

FIESCHI.

A peine l'attentat du 28 juillet était il commis, que la plupart des journaux donnaient, à tort et à travers, des renseignemens sur l'assassin, et Dieu sait que d'absurdités furent entassés de bonne foi et lues avec avidité.

L'auteur de cette brochure qui peut, à juste titre, passer pour l'un des oisifs les plus curieux de Paris, ne fut pas un des derniers à se mettre en quête de renseignemens sur l'auteur de cette épeuvantable catastrophe. Mais sachant bien comment se fabriquent les *premiers Paris*, les *entre-filets* et les *articles communiqués* qée, chaque jour, les journalistes jettent en pâture à leurs abonnés, ce ne fut pas dans les colonnes de la presse périodique qu'il chercha la vérité : il s'attacha d'abord à découvrir quelque personne ayant eu évec l'assassin la moindre relation ; il y réussit, et marchant ensuite du connu à l'inconnu, il fut bientôt en mesure.

Décrire la biographie complète de l'assassin, et cette biographie, la voici : Fieschi est né en 1788, en Corse, dans un village, près d'Ajaciio. Dès sa plus tendre jeunesse il donna des preuves d'une grande éherngie et d'une rare intelligence ;

mais issu de parens pauvres, ces qualités ne purent se développer, ou plutôt furent faussées dans leur développement, il n'avait que 15 ans lorsque abandonnant ses parens et sa patrie, il se rendit à Naples et s'engagea dans un régiment d'infanterie légère : il montra beaucoup de zèle, une audace et un sang-froid audessus de son âge ; grâce à son intelligence il apprit promptement à lire et à écrire ; et à l'âge de dix-huit ans il était parvenu au grade de sergent.

Cet avancement n'était pourtant pas de nature à satisfaire l'amour de l'or, passion qui, chez Fieschi, débordait déjà toutes les autres ; et tout porte à croire que lors de l'avènement de Murat au trône de Naples, ce misérable, sans quitter les rangs de l'armée, se fit espion. Il ne laissa pas néanmoins de faire preuve, en plusieurs circonstances, d'un courage et d'une fermeté à toute épreuve. On le cita bientôt comme l'un des plus intrépides soldats du roi Joachim, et il fut décoré par ce prince auquel il resta fidèle jusqu'en 1815. A cette époque, la fortune de Murat changea ; ce prince, après avoir joint ses armes à celles des puissances alliées qui menaçaient d'accabler la France, se trouva lui-même obligé de se défendre contre la formidable coalition dont il avait fait partie, et il appela aux armes l'Italie tout entière. Après quelques succès,

Murat, battu par les autrichiens, se retira de Bologne, et fit sa retraite par la Marche d'Ancône : Fieschi crut le moment favorable pour reprendre son métier d'espion ; il déserta, passa dans les rangs des Autrichiens, et tout porte à croire qu'il y porta contribuèrent puissamment au gain de la bataille du 2 mai, où l'armée de Murat fut anéantie par les généraux Neupperg et Bianchi.

Soit que le métier d'espion n'eût pas été plus lucratif pour Fieschi que celui de soldat, soit qu'il eût perdu, par des circonstances fortuites, le produit de sa trahison, il revint en Corse vers le milieu de l'année 1815, dans le dénuement le plus complet ; presque en même temps, Murat détrôné et traqué par la police de France, se réfugia dans cette île, à Vescowato, chez le général Franceschetti ; Fieschi apprit promptement l'arrivée du prince, et il s'empressa de se présenter à lui et de lui offrir ses services qui furent acceptés. Murat qui n'avait pas perdu l'espoir de remonter sur le trône, chrrgea Fieschi d'une mission secrète, et ce dernier se rendit à Naples ; et tout porte à croire qu'à cette époque, au lieu de servir le prince fugitif, il se fit l'agent des Bourbons dont le gouvernement était nouvellement établi. Ce qui est certain, c'est que, de retour en Corse, il fit à Murat un rapport mer-

veilleux sur l'esprit politique des Napolitains; il
assura que le roi Joachim n'aurait qu'à se mon-
trer pour que l'armée et la population entière se
rangeassent autour de lui; il affirma que Murat
arriverait à Naples aussi facilement que Napo-
léon, à son retour de l'Ile-d'Elbe, était arrivé à
Paris, et il fit tant que le prince, poussé d'ail-
leurs par son caractère, résolut d'entreprendre
cette incroyable expédition qui devait le conduire à la mort.

Murat réunit donc environ deux cents hommes qu'il arma tant bien que mal; il acheta six
barques pontées, sur lesquelles il s'embarqua
avec ces aventuriers, et dont il donna le com-
mandement à un nommé Barbara, marin obs-
cur, qui dès-lors était lié avec Fieschi. Cette
pauvre escadre fit voile d'Ajaccio le 28 septem-
bre 1815, pour les côtes de Naples; mais à peine
eut-elle gagné le large, qu'un coup de vent la
dispersa. Barbara qui montait la même barque
que le prince et Fieschi, offrit de conduire cette
barque et une autre qui l'avait ralliée au port du
Pizzo; Murat accepta, et les barques arrivèrent
dans ce port le 12 octobre à midi. Fieschi offre
alors de se rendre à terre le premier; il prie le
roi de lui remettre son passeport, assurant qu'à
la vue de cette pièce les douaniers se rangeront
autour de lui; le prince qui commençait à en-

entrevoir la trahison refusa de le lui remettre, et déclare qu'il marchera lui-même à la tête de ses compagnons. Le débarquement s'opère; Fieschi demande à marcher en éclaireur avec quelques hommes; il s'élance en avant et disparaît bientôt.

Une heure s'écoule; le roi et les homme qui l'accompagnaient se dirigeaient rapidement vers Monteleone, lorsqu'ils furent tout-à-coup enveloppés par une troupe de paysans et de gendarmes qui les assaillirent à coups de fusils; un homme est tué, sont blessés; forcé de prendre la fuite, le roi retourne vers le lien du débarquement; mais Fieschi, qui probablement ne s'était élancé en avant que pour prévenir l'autorité, et recevoir le salaire de son crime, Fieschi, dis-je, avait déjà rejoint Barbara; celui-ci avait levé l'ancre immédiatement; les barques étaient déjà bien loin lorsque le roi arriva au bord de la mer où il fut arrêté avec ses compagnons.

De retour en Corse, Fieschi y passa plusieurs mois, fit des dépenses assez considérables; mais bientôt fatigué de son inactivité, et pensant qu'il trouverait aisément à faire usage de ses moyens en France, il s'y rendit vers la fin de 1816. Il paraît que les tentatives qu'il fit alors pour obtenir de l'emploi de la police furent sans succès;

comme il n'avait point d'état, ses ressources pé-
cuniaires furent bientôt épuisées. Ce fut alors
qu'il se lia, à Lyon, avec quelques bandits qu'il
avait rencontrés dans les mauvais lieux de cette
ville; ne pouvant trouver d'emploi comme espion, il se fit voleur. Cette nouvelle profession
lui réussit plus mal que l'autre; il fut arrêté, con-
vaincu d'avoir volé une vache, avec des circonstances aggravantes, et condamné à dix ans de
réclusion, à la surveillance de la haute police
pendant toute sa vie. Il fut transféré dans les
les prisons d'Embrun.

Pendant les dix années de captivité qu'il su-
bit, Fieschi qui était doué de beaucoup d'adresse,
apprit plusieurs métiers, entre autres celui de
fabricant de drap, et de fabricant de papiers
peints.

Devenu libre, il entra comme ouvrier dans
une fabrique de drap à Lyon, et montra tant de
capacité qu'il devint bientôt contre-maitre dans
cette fabrique, mais sa qualité de réclusionnaire
libéré ayant découverte, il rompit son ban,
quitta Lyon qui lui avait été désigné pour rési-
dence, et vint à Lodève où il travailla long-temps
sous le nom de Gérard.

La révolution de juillet parut à Fieschi une
circonstance trop favorable pour qu'il ne s'em-
pressât pas d'en tirer parti, il quitta donc Lodève à cette époque et vint à Paris.

Les condamnés pour délits politiques sous la restauration avaient à cette époque nommé une commission officieuse pour faire valoir auprès du nouveau gouvernement leurs droits à une indemnité ; Fieschi se rappelant alors qu'un de ses cousins a peu près de son âge et portant le même nom que lui avait été condamné en Corse à un assez long emprisonnement pour une affaire politique, se présenta hardiment devant la commission, il fabriqua des certificats, se procura un extrait du jugement qui condamnait son cousin et obtint, sur les fonds votés par les chambres pour les condamnés politiques, une allocation de quarante-cinq francs par mois qu'il recevait le trois de chaque mois à la caisse du ministère de l'intérieur.

Ce succès, loin de disposer Fieschi à vivre honnêtement, ne fit que l'encourager à reprendre son ancien métier d'espion. Voici comment lui-même raconta les détails d'une audience qu'il obtint du préfet de police, en 1831.

« Je lui dis nettement qu'il n'aurait jamais sous ses ordres un homme qui me valut ; mais que je ne voulais pas un emploi de bas étage.

—Il faut cependant commencer par là ; et l'administration ne manque pas de surnuméraires.

—C'est possible ; mais je n'ai pas besoin de

faire de noviciat: ce n'est pas dans les cafés ou les théâtre de Paris que je veux employer mes moyens; que l'on m'envoie à l'étranger, en Autriche, en Prusse, en Italie; que l'on me donne des institutions et je les suivrai quelles qu'elles soient: ce ne sera pas la première fois que j'aurai joué ma tête à ce jeu.

— Cela n'est pas dans mes intentions, je n'ai pas d'emploi à vous offrir.

— Prenez garde à ce que vous dites !

— Un homme comme moi est toujours sur ses gardes, et ne marche jamais sans avoir de quoi se faire jour..... Voici un passeport qui vaut mieux que les vôtres, et qui ne me quitte jamais.

« Je lui montrai alors le poignard que voici (1); il ouvrit de grands yeux, me dit que c'était une arme prohibée et que je commettais un délit. Je levai les épaules, lui tournai les talons, et j'étais déjà loin avant qu'il fût revenu de sa surprise.

Vers la fin de 1835, le roi ayant nommé une

-----

(1) Fieschi portait toujours un poignard et le montrait volontiers ainsi qu'un petit bâton de huit pouces de long au bout duquel se trouve plusieurs ficelles armées de balles de plomb. Cette arme que l'on nomme *fléau* est terrible dans la main d'un homme adroit et déterminé; Fieschi la tenait à la main lorsqu'il fut arrêté; mais ses blessures l'avaient trop affaibli pour qu'il put s'en servir.

commission pour vérifier les titres des condamnés ponr délits politiques sous la restauration,
les certificats produits par Fiesehi furent reconnus
faux, et non seulemens l'allocution mensuelle
qu'il avait reçue jusqne là lui fut retirée, mais
un mandat d'arrêt fut décerné contre lui. En
mêmc temps M. Caune, ingénieur des ponts et
chaussés, qui l'avait employé, s'aperçut de plusieurs infidélités que Fieschi avait commises à son
préjudice, porta plainte contre le voleu.

Soit que Fieschi eût prévu ce qui devait arrivé, soit qu'il eut été prévenu à temps, il dis-
parut et ne put être saisi ; on assure cependant
qu'il nc quitta pas Paris, et ce fut probablement
alors qu'il se mit à la solde de la faction qui le
poussa à commettre le crime épouvantable qui
faillit compromettre les destinées de la France.
Cependant il est remarquable que pendant près
d'un an à partir de la radition de la liste des condamnés politique, Fieschi fut très misérable ;
il avait quelques petites dettes qu'il était dans
l'impossibilité de payer. Il devait entre autres
choses les habits qu'il portait à un tailleur de la
rue Montmartre qui les lui avaient fournis pen de
temps avant la radiation. Ce ne fut qu'au-com-
mencement de 1835 q'une personne vint dire à
ce tailleur :

« J'ai rencontré Fieschi, il m'a chargé de vous

dire que vous soyez tranquille, attendu qu'il serait bientôt en situation de vous payer. »

Ce fut aussi à cette époque que Fieschi fut vu plusieurs fois en compagnie d'un homme richement couvert, les cheveux poudrés, et qu'il désignait ironiquement sous le nom de l'oncle. Il se présenta avec ce personnage pour louer la chambre où était établie la machine infernale; et comme le propriétaire demandait à cet inconnu qui se présentait pour répondant de Fieschi, il dit : — Ce n'est pas nécessaire; il est plus simple de vous payer six mois de loyer.

Et tirant aussitôt dix pièces d'or de sa poche, il les donna au propriétaire.

Fieschi s'occupa alors de la confection de la machine infernale; un brocanteur de la rue de l'Arbre-Sec, lui vendit les canons de fusils; ces canons avaient été mis au rebut dans la fabrique d'armes de M. Pérardel, et vendus par ce dernier au brocanteur comme défectueux.

Tout Paris sait maintenant le résultat de l'exécrable combinaison de ce monstre. Voici les nouveaux renseignemens obtenus par l'instruction.

Pendant les dix années qu'il avait passées dans les prisons d'Embrun, Fieschi y avait contracté des liaisons intimes avec la femme Petit, condamnée à cinq ans de travaux forcés pour banqueroute frauduleuse. Dans ces derniers temps, la femme Petit était venue à Paris et ces relations s'avaient repris. Depuis l'exécution de l'attentat, la femme Petit avait pris la fuite. Une fille de cette femme qui paraît avoir eu des relations du même genre avec Fieschi, avait également changée de nom et disparue.

La justice attachait d'autant plus de prix à l'arrestation de ces deux femmes, qu'outre les renseignemens qu'on en pouvait tirer, on avait lieu de croire que c'était chez l'une d'elles que se trouvait une malle dont tous les journaux ont déjà parlé, et que Gérard avait fait emporter de chez lui peu de temps avant l'exécution de l'attentat.

Ces deux femmes ont été arrêtées cette nuit, et la malle a été en effet saisie chez sa fille.

Ce n'est pas sans peine que la police est parvenue à cette découverte; car il a été reconnu que, depuis l'attentat, cette malle avait été successivement cachée dans neuf domiciles différens.

Elle avait été cachée notammeut chez un sieur Moret, sur lequel pèsent, dit-on, des charges très-graves, et qui est également sous la main de la justice.

Lors de l'arrestation de cet individu, on a trouvé à son domicile, pour tous papiers, quel-

ques reconnaissanses de hardes de femmes enga-
gées au Mont-de-Piété.

Enfin, le 3 août, on a découvert que Fieschi
avait un autre domicile, rue du Tourniquet-St-
Jean, et l'on y a saisi vingt-cinq fusils montés,
des balles, de la poudre, et une somme consi-
dérable.

Fieschi est un homme de cinq pieds, maigre,
le front haut, les yeux petits, le regard perçant,
les lèvres minces, le sourire sardonnique. Cet
homme est doué de beaucoup de force et d'a-
dresse, il a la repartie vive et il est très-rusé, et,
comme on l'a vu dans notre récit, capable de
tout entreprendre pour arriver à la fortune.

IMPRIMERIE DE PIHAN DELAFOREST (MORINVAL),
Rue des Bons-Enfants, 34.

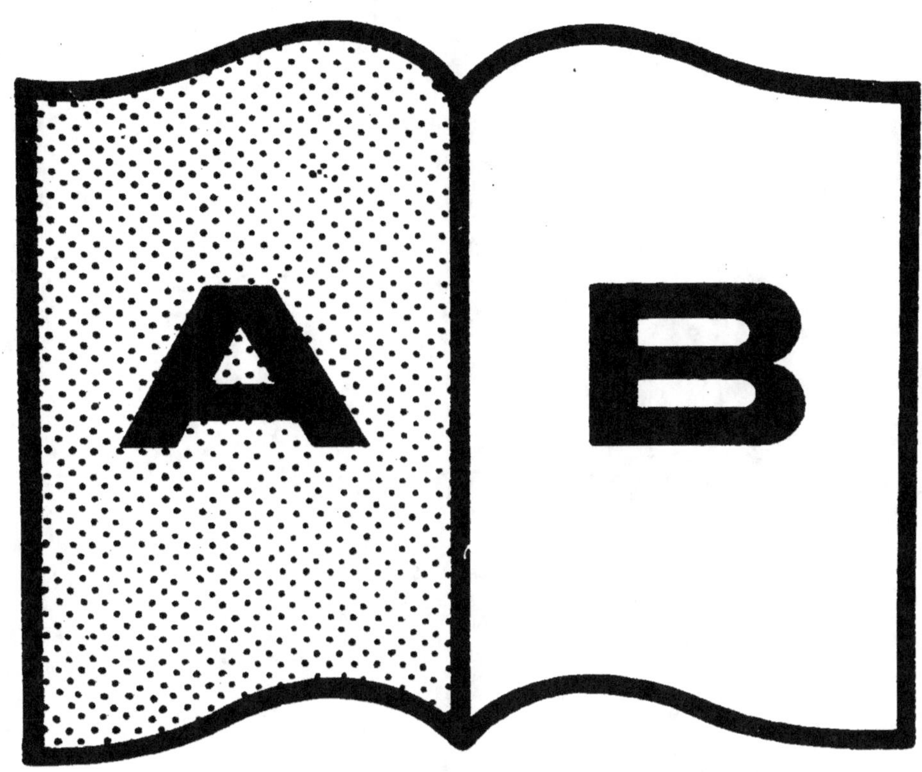

Contraste insuffisant

NF Z 43-120-14